En el espíritu del Buda

Otros títulos por Paul Fleischman

En el espíritu del Buda

Paul R. y Susan K. Fleischman

Pariyatti Press

Pariyatti Press
un sello de
Pariyatti Publishing
www.pariyatti.org

Primera edición en inglés, 2021
Primera edición en español, 2024
Traducción y edición de Claire Joysmith y Gustavo Them

ISBN: 978-1-68172-561-1 (Print)
ISBN: 978-1-68172-562-8 (PDF)
Library of Congress Control Number: 2023936232

Fotografía de portada y contraportada: Jeannine Henebry
www.jeanninehenebry.com

Agradecimientos especiales a Claire Joysmith, Gustavo Them, Nalin Ariyarathne, Kevin Nash, Brihas Sarathy y Steve Hanlon

Introducción

Esta colección de poemas en prosa está basada en las enseñanzas del Buda. Lo seleccionado ha sido elegido con una finalidad inspiradora más que como una representación que aspire abarcar el amplio espectro de la enseñanza. Hemos compartido con anterioridad partes de esta selección, en varias ocasiones, en forma de diapositivas, o las hemos leído en voz alta a nuestras amistades, como después de concluir algún taller, o al terminar las reuniones de profesores asistentes, en torno a la fogata en parques nacionales, o después de una sesión de Metta por la noche. Han sido recibidas con aprecio de una manera consistente y han evocado peticiones múltiples para su publicación.

Todas estas composiciones combinan los pensamientos del Buda con expresiones contemporáneas. No pueden considerarse citas directas del Canon en lengua Pali, debido a que solo hemos trabajado con traducciones al inglés y a que hemos combinado varios pasajes similares o modificado el lenguaje para facilitar la lectura. Sin embargo, tampoco podemos afirmar que estas palabras sean originales nuestras, puesto que son en el espíritu del Buda. Son una re-expresión breve y poética de algunas de sus ideas más importantes. Son chispas de la fogata que continúan resplandeciendo en la oscuridad.

Nuestra intención es que estas diapositivas, o páginas, inspiren por igual a meditadores y a personas que no meditan. Están escritas desde la auténtica experiencia de la inquietante condición humana y se articulan desde la perspectiva del sufrimiento, así como del Sendero para salir del sufrimiento. Son vestigios de comprensión cabal que han cruzado el puente del tiempo desde la India ancestral hasta nuestros días.

Esperamos que ustedes encuentren la sabiduría que fluye a través del tiempo en el río de palabras que nace en el antiguo manantial del Canon en lengua Pali.

—Paul R. y Susan K. Fleischman

Los guijarros lanzados por el Buda hace miles de años caen ahora en los estanques de nuestras mentes.

Dentro de nuestro propio cuerpo podemos localizar
todas las leyes de la naturaleza, el origen del mundo,
el fin del mundo y el Sendero mismo.

El sentimiento de duelo nos sigue de cerca como
un perro callejero hambriento.
Cada persona o situación que amamos cambia y
desaparece.
Este es el origen del *dukkha*,
de nuestra insatisfacción con el
mundo.

No te aferres a nada.

Cuando comprendes esto, lo comprendes todo.

Alcanzamos la felicidad cuando descartamos la creencia
de que somos dueños de nosotros mismos,
dueñas de nosotras mismas,
y de que estamos a cargo del mundo.
Podemos elegir,
mas no podemos aferrarnos a todo.
En cada momento que logramos desprendernos de estar
aferrados y aferradas,
nos liberamos de la carga.

El Buda llamó al desprendimiento
de estar aferrados
"la Liberación Inquebrantable".

Las personas sabias hablan de forma
clara, personal y profunda,
con voz calmada y tranquilizadora.
Sus palabras sublimes parecen descender
de lo alto o surgir de verdades profundas
que se harán comprensibles a otras
personas de buen corazón.
Las personas sabias pueden explicar el Dhamma
de forma breve o detallada,
desvelando su sabiduría mediante un discurso
que resulta de interés y de beneficio.

Cuando meditas,
el esfuerzo, la concentración o la ecuanimidad
deben enfatizarse de manera distinta de momento
a momento.
El esfuerzo estridente puede ser desgastante.
La concentración surge a su debido tiempo.
El intento de amoldarte para entrar en la
ecuanimidad solo te frustrará.

Meditar en este camino se asemeja al orfebre
que debe permanecer atento,
debe calentar o enfriar el oro que busca purificar,
a fin de que surja maleable y luminoso,
listo para crear con él cualquier ornamento que quiera.
No lo calienta en exceso, ni permite que se entibie.

Las cuerdas de una guitarra solo suenan bien
después de ajustarlas, a fin de que no queden
ni demasiado flojas ni demasiado tensas.
Equilibra tus esfuerzos en la vida y en la meditación,
sin forzarlos, ni permitir que se aflojen.
Mantén la concentración y la ecuanimidad en tensión relajada,
al igual que la cuerda afinada.

Así como el agua de un estanque, alimentado por un manantial,

brota desde las frescas profundidades,

y a la vez recibe la lluvia desde lo alto,

enviada cada cierto tiempo por el dios de la lluvia,

de modo que la lluvia de lo alto y el agua profunda del manantial

se mezclan,

el agua del estanque se limpiará, quedando radiante

de agua dulce y fresca.

Ninguna parte permanecerá oscura, estancada o ciega.

Del mismo modo,

una meditadora que practica la atención

a las sensaciones de su cuerpo

con ecuanimidad

empapa su cuerpo de atención consciente,

de modo que ninguna parte queda sin observar,

al mover su mente de manera fluida

de arriba hacia abajo y de abajo hacia arriba,

saturada de imperturbabilidad.

Todas las personas sienten miedo.
Incluso el Buda, previo a su iluminación,
tuvo que batallar.
Él dijo:
Solía vivir en la jungla, rodeado de sentimientos de ansiedad.
Los animales salvajes se acercaban, o el viento agitaba
los árboles.

Cada vez que caía una rama me estremecía.
Pensaba para mis adentros: ¿por qué vivo
a la espera constante de que ocurra algo malo?
Era cierto que mientras caminaba por la jungla,
la preocupación y la aprensión me seguían;
cuando me quedaba quieto,
la preocupación y la aprensión me rodeaban como una nube;
cuando me tumbaba,
la preocupación y la aprensión me cubrían;
y cuando me sentaba a meditar,
la preocupación y la aprensión
rondaban como la niebla.

Se nos dice que, debido a su miedo,
el Buda se empeñó en despertar una energía incansable
en un esfuerzo incesante
con el fin de obtener una visión cabal de
su propio sufrimiento.
Concentró su mente, estableció la atención plena
y, de manera paulatina y con gran esfuerzo,
su mente se purificó, resplandeciente,
bajo su control,
maleable como el oro adecuadamente calentado,
ágil como la espada que él solía llevar consigo,
firme e imperturbable como un Buda.
El primer conocimiento verdadero que alcanzó
fue la realización de la ecuanimidad.
Fue su miedo lo que lo impulsó hacia la liberación.

Debemos ser modestos, pero no en exceso.

También es saludable reconocer nuestras propias virtudes.

Recuerda aquellos momentos en los que te has ayudado

a ti mismo y a los demás.

Recuerda cuando fuiste de manos abiertas,

caritativo, entregando y compartiendo tu dinero

y tu corazón.

Sabemos que has recibido

a muchas amistades meditadoras en tu hogar.

Debemos intentar evitar la costumbre
de juzgar a los demás.
No todos los logros o los problemas de otra persona
nos son plenamente visibles.
Alguien puede ser gentil y agradable,
pero temeroso.
Otra persona es igualmente agradable
y carece de miedo, pero miente.
Estas dos personas parecen ser similares
pero sus profundidades son diferentes,
como si fueran dos estanques.

Del mismo modo, puede que haya dos personas
que rápidamente entren en cólera o
sean presa fácil del orgullo o de la codicia,
pero una de ellas también tiene cierto grado
de calidez y generosidad.
Si te apresuras a ser crítico o crítica de
ambas personas, las verás parecidas.
Las personas felizmente casadas pueden
llegar a ser muy desarrolladas, lo mismo que
quienes son solteros o solteras,
puesto que los logros y las vulnerabilidades son múltiples.
Ningún rasgo o logro define a una persona.
Alguien que es verborreico, irritable y vanidoso
también puede poseer una comprensión
que asegura su progreso pese a sus carencias.

La mayor sabiduría
es percibir en todos aquellos que te rodean
sus cualidades, fortalezas y limitaciones únicas.
Desarma tus estereotipos y juicios rápidos,
y reconoce en cada quien su plenitud.
Esta práctica de observar con precisión a quienes
te rodean, te hará más amable, más realista,
y profundizará tu comprensión de la naturaleza humana,
incluida la tuya.

Al Dhamma se le describe como claramente visible,

ya que si estamos llenos de odio,

lo sabemos;

y cuando el odio no está presente,

eso también lo experimentamos de inmediato.

Podemos ver fácilmente algunos aspectos del Dhamma

en nosotros mismos.

Cuando el miedo se disipa

lo sentimos en nuestra mente

y en nuestro cuerpo.

Pero la ilusión puede cegarnos.

El pensamiento "lo sé"

equivale a abrir la puerta de una casa embrujada.

Debemos preguntarnos siempre si realmente

sabemos lo que creemos saber

y en qué nos basamos para afirmar nuestro conocimiento.

Debemos evitar convertirnos en aquella gente

que sigue a la manada,

o aquella gente tan convencida de sus propias

creencias que se ciega al descubrimiento.

Es de gran ayuda si pensamos de este modo:
Mi objetivo es lograr ser afable
hacia todos mis compañeros en la vida de la
meditación, ser respetado y estimado por ellos.
Mi meta es vivir de acuerdo con los preceptos
y alcanzar la seguridad, así como la visión cabal,
en mi propia mente
al conquistar el descontento, la ira y el miedo.
Espero que aquellas personas que me hayan servido
al donar a los centros en donde he meditado
hayan obtenido de mi práctica
los frutos que merecen.

Nuestro progreso es gradual
y no siempre nos es visible.
No hay camino abrupto.
Cuando nos adentramos en el mar
descubrimos que se inclina
pendiente abajo y se va haciendo profundo
de manera gradual.

Cuando un leñador acostumbra a utilizar un hacha,
las huellas de su dedo, su palma y su pulgar
comienzan a marcarse en el mango,
pues la recia madera se erosiona
sin que él pueda precisar
un momento en particular en el que
se produjeron esos cambios.
La vida meditativa conlleva el desgaste
de viejos patrones, aun cuando no siempre
podamos asignarle un tiempo específico o una fecha
a nuestro progreso.

Nuestra meditación vale la pena aun cuando solo nos lleve
a desarrollar
la cantidad de Metta que dura lo que tardamos
en abrir los ojos.
Si sentimos que podemos impregnar todo el mundo
que nos rodea con Metta,
ya hemos alcanzado una etapa divina.
Se dice que el Buda,
en una ocasión, impregnó al universo
con el sentimiento de amor benevolente
durante siete años.

Al sentir bondad en nuestros pensamientos,
sentimos bienestar de forma automática.

La meditadora experimentada
impregna cada una de las direcciones a su alrededor
con sentimientos de amor benevolente,
hacia todas partes,
hacia todos los seres, incluida ella misma;
ella impregna todas las órbitas de las galaxias
con un amor benevolente
que es abundante, exaltado e ilimitable.
En su corazón no hay barreras para su Metta.
Esto también lo hace con
compasión, júbilo y ecuanimidad.

Aquello que acostumbramos pensar
será lo que configure las tendencias
y los patrones de nuestra mente.
Cuando dirigimos nuestras mentes
hacia el bienestar de otras personas,
estas tendencias
surgirán más a menudo,
dándonos así tranquilidad.

Cuando las cosechas todavía crecen
en los campos, el pastor debe vigilar
su rebaño de vacas con diligencia
para evitar que consuman el alimento del siguiente año.
Del mismo modo, nuestras mentes errantes
requieren un control firme.
Pero al igual que, en los últimos meses del verano,
cuando toda la cosecha
ha sido recolectada en los campos y ha quedado
almacenada en las aldeas, un pastor puede
seguir vigilando sus vacas mientras descansa a la sombra
de un árbol;
de esta misma manera,
cuando hemos cosechado pensamientos
bondadosos, podemos observar nuestra
mente y nuestro cuerpo de manera relajada
durante la meditación.

Cuando el Buda se refería a sí mismo
solía utilizar el término Tathagata.
Este título, utilizado en la antigüedad,
hace referencia a que surgió
sin codicia en el mundo,
y a su disposición de abandonar el mundo
sin aferrarse y sin pesadumbre.
Surgió y partió, como sucede con todo fenómeno natural,
como una encarnación de la naturaleza.
Él está presente en el relato,
hablando cara a cara con personas vivas,
dejando en claro cómo es que todo en el universo,
incluido él mismo,
surge y desaparece.

El Tathagata es alguien que comprende
la causa y el efecto.
Él sabe que nuestras acciones esculpen nuestro futuro.
Las acciones son la cuna de nuestro carácter
y las semillas del momento siguiente.
Somos los legatarios de nuestro propio empeño.

Debido a que es probable que no viviremos lo suficiente
para conocer el pleno impacto
de todo lo que hemos realizado,
la manera óptima de medir nuestras elecciones
es observar los efectos que tienen
en nuestras mentes.
¿Nuestras acciones favorecen el crecimiento
de estados benéficos?

Debido a que emergemos de un pasado infinitamente
antiguo, y debido a que tenemos gran cantidad de
pensamientos en cada momento,
surgimos de y generamos cascadas de
pensamientos-acciones.
Los grandes acontecimientos de nuestras vidas
brotan a partir de múltiples acciones que
se han sumado unas a otras
y restado unas de otras,
multiplicadas, compuestas o modificadas entre sí.
Cada momento tiene su causa,
pero dicha causa casi nunca es única.
Cada quien es una jungla de causas y efectos,
de la cual esperamos poder hacer crecer
altos y robustos árboles
de ecuanimidad.

Cuatro pasos importantes que conducen
a la felicidad y al bienestar de quienes meditan son:
perfeccionar formas diestras y eficaces de ganarte la vida;
proteger y resguardar el patrimonio generado;
establecer amistades que recorren el Sendero y se han
establecido en cuanto a la virtud, la generosidad
y una resiliente adaptación a la vida;
vivir en equilibrio,
ni de forma extravagante, ni con excesiva cautela.

Hay cuatro cosas más que guían
a los meditadores y a las meditadoras hacia
la felicidad.
En primer lugar está la confianza de que
el Sendero del Buda conduce al bienestar.
Lo segundo es respetar a todos los seres vivos
y proteger a los débiles.
Lo tercero es crear un hogar en el que haya
deleite en el dar y en el compartir.
Recuerda que el ser competente en lo económico
es esencial en tu camino como laico.
Por último, está la sabiduría de comprender la impermanencia.

Del mismo modo que todos los ríos del mundo fluyen hacia
el mar,
llegando hasta él, entregándole sus aguas,
así también las enseñanzas del Buda
fluyen en una dirección,
haciéndose una sola en el Nibbana.
Tanto las personas solteras como aquellas
que disfrutan de los placeres sensuales de la vida matrimonial
tienen la capacidad de fluir hacia el Nibbana,
pues la corriente del Dhamma conduce a cualquiera
que ahí se encuentre
hacia el mismo mar sin orillas.

Ha quedado registrado que, en la antigüedad,
aquellos meditadores que vivían en ermitas
debían llevar el agua del río cuesta arriba
en pesadas vasijas.
Cuando alguien notaba que éstas se encontraban
casi vacías,
era su trabajo volverlas a llenar.
Pero cuando las vasijas le resultaban demasiado pesadas,
realizaba con la mano un gesto silencioso
hacia alguien más
y, enseguida, ambos hombres
levantaban la vasija
a cuatro manos,
en silencio.

¿Cómo sabemos cuándo estamos meditando
de manera correcta?
Cuando vivimos en armonía, con aprecio mutuo,
sin disputas,
mezclándonos como lo hacen
el mar, la orilla y la arena,
mirándonos los unos a los otros
con aceptación y generosidad.
¿Tu meditación pulsa la amistad
en oleadas?

Encuentra amistades, compañeros, compañeras,
y con quien asociarte, que sean nobles,
con quienes puedas compartir conversaciones
sobre la meditación en entornos naturales,
prístinos y rebosantes de paz.
El frecuentar reuniones en las que se aborde el
Dhamma en tierras dedicadas
a caminar el Sendero
es una forma de inspirarse e inspirar a los demás.
Tenemos amigos entre las personas y tenemos amigos entre
las aves, los árboles y los arroyos.

Al Tathagata no le preocupaba liberar
al mundo entero.
Enfocó sus enseñanzas hacia la liberación de la ignorancia
y la purificación de la mente mediante la meditación.
La palabra Dhamma y la palabra purificación
se refieren a aquellas prácticas que conducen
más allá del sufrimiento, ya que restauran
la mente clara, imparcial, libre de prejuicios.

El Tathagata explicaba lo que sabía
sin importarle el tamaño de su público.
No le preocupaba
ser aceptable o popular.

Al igual que una nube tormentosa madura
asciende a lo alto de la atmósfera
al final de una sequía,
y en abundancia les devuelve vida
a las cosechas marchitas,
del mismo modo, hay personas que surgen
en este mundo
que vierten bondad y felicidad
sobre muchas personas.

Piensa en un hombre o una mujer,
perdidos en una cordillera solitaria,
que se topan con un antiguo sendero,
una antigua vereda
recorrida por los pies de viajeros
de antaño, y él o ella toman ese sendero,
siguiéndolo, atravesando el entorno silvestre,
hasta que él o ella se encuentran con una antigua ciudad,
una tierra sagrada en forma de rueda,
en donde sabios gobernantes de antaño
solían reunir a su corte, en donde hubo palacios,
observatorios, praderas y arboledas floridas,
todo rodeado de muros de piedra
erigidos por generaciones de manos amorosas.
Del mismo modo, el Tathagata también encontró
el sendero original para poder cruzar las cordilleras,
atravesando el oscuro bosque,
el sendero único,
aquel recorrido por los pies
de los plenamente iluminados de antaño.

Una tarde, cuando el Buda comenzaba a envejecer,
él, sentado, calentaba su espalda bajo
los rayos del sol poniente.
Ananda le masajeó sus extremidades
y notó que su piel ya no era luminosa y radiante;
que sus debilitados brazos y piernas
estaban cubiertos de manchas;
que su columna vertebral estaba encorvada
como la de un anciano cansado.

Él cambió su postura para apoyar
la espalda contra una columna
y le dijo a Ananda:
"Mi espalda está incómoda, necesito descansarla".
Y dobló su desgastada túnica y se recostó
sobre el lado derecho,
como un león,
alerta y plenamente consciente.

El Buda ha dicho:

He enseñado el Dhamma sin mantener nada en secreto

y sin abordar nada esotérico.

El Tathagata enseña con la mano abierta,

no se guarda nada, todo lo revela,

sin asir nada en el puño.

Si hay quien piensa:

"Todos los meditadores de ahora en adelante

deben referirse a mí como su

maestro",

que lo diga.

Pero un Tathagata no piensa de esa manera.

El Tathagata no supo
ni pretendió vaticinar
el futuro de su dispensación.
Al igual que una nube de lluvia,
él esparció su enseñanza alrededor suyo.
La hierba crecerá de manera diferente
en cada una de las siguientes generaciones.

Referirse continuamente a un maestro,
o halagar su nombre,
no es forma de rendirle tus respetos.
Un meditador y una meditadora le rinden homenaje al Buda
al meditar, al vivir una vida virtuosa,
y al construir una comunidad de amistades de ideas afines.
Para rendirle homenaje al Buda
permanece ecuánime, libre de turbulencia, conforme,
una vasija de regocijo.

Al final, el Buda dijo:
Ya estoy viejo y agotado, alguien que ha recorrido
el largo camino hasta su final;
he llegado a los honorables ochenta años.
Al igual que a un caballo viejo, cuando cojea, se le ayuda a
avanzar mediante rodilleras y tobilleras que abrazan
sus ya débiles articulaciones,
de igual modo, el cuerpo del Tathagata
se mantiene andando mediante vendas y correas.

Por lo tanto, vivan como islas por su propia cuenta.
Vivan como luces de su propia sabiduría.
Sean su propio refugio,
con el Dhamma como su isla y su luz.

Recorran el mundo en beneficio de todos, para la felicidad
de todos,
por compasión hacia aquellos que se sienten solos
y quienes están perdidos,
por el bienestar y la felicidad
de dioses y personas.
Atrévanse a caminar solos y solas, sin compañía,
enseñando lo que es verdadero
en el principio, en el medio y en el final,
tanto en la letra como en el espíritu,
tanto en la palabra como en la acción.

Enseñen la vida santa viviéndola.

Notas

Durante el proceso de compilar *En el espíritu del Buda* hemos consultado los siguientes textos:

The Middle Length Discourses of the Buddha: A Translation of the Majjhima Nikāya; trans. Bhikkhu Ñāṇamoli y Bhikkhu Bodhi; Wisdom, Boston 1995.

The Long Discourses of the Buddha: A Translation of the Digha Nikāya; trans. Maurice Walshe; Wisdom, Boston 1987.

The Numerical Discourses of the Buddha: An Anthology of Suttas from the Aṅguttara Nikāya; trans. Bhikkhu Bodhi; Buddhist Pub. Soc., Kandy, Sri Lanka 1999.

Udāna and Itivuttaka: Two Classics from the Pali Canon; trans. John D. Ireland; Buddhist Pub. Soc., Kandy, Sri Lanka 1997.

The Life of the Buddha; Bhikkhu Ñāṇamoli, Buddhist Pub. Soc., Kandy, Sri Lanka 1972.

SOBRE PARIYATTI

Pariyatti se dedica a proporcionar un acceso asequible a las auténticas enseñanzas del Buda sobre la teoría del Dhamma (*pariyatti*) y la práctica (*paṭipatti*) de la meditación Vipassana. Es una organización benéfica sin ánimo de lucro (501(c)(3)) a partir de 2002. Pariyatti se sostiene gracias a las contribuciones de personas que aprecian y quieren compartir el incalculable valor de las enseñanzas del Dhamma. Te invitamos a visitar www.pariyatti.org para conocer nuestros programas, servicios y formas de apoyar las publicaciones, así como otros proyectos.

Editoriales de Pariyatti

Vipassana Research Publications (centradas en la práctica de Vipassana tal y como la enseñó S.N. Goenka en la tradición de Sayagyi U Ba Khin)

BPS Pariyatti Editions (títulos seleccionados de la Buddhist Publication Society, coeditados por Pariyatti)

MPA Pariyatti Editions (títulos seleccionados de la Myanmar Pitaka Association, coeditados por Pariyatti)

Pariyatti Digital Editions (títulos de audio y vídeo, incluidos los discursos)

Pariyatti Press (títulos clásicos reimpresos y escritos inspiradores por autores contemporáneos)

Pariyatti enriquece el mundo mediante:
- Difusión de las palabras de Buda
- Aportando sustento para el viaje del buscador
- Iluminando el camino del meditador

www.ingramcontent.com/pod-product-compliance
Lightning Source LLC
Chambersburg PA
CBHW041426090426
42741CB00002B/58